GIOACCHINO
ROSSINI

OPERA ARIAS

FOR

MEZZO-SOPRANO

AND

ORCHESTRA

4077

GIOACCHINO
ROSSINI

OPERA ARIAS

FOR

MEZZO-SOPRANO & ORCHESTRA

CONTENTS

IL BARBIERE DI SIVIGLIA, Act I

"Una voce poco fa...Io sono docile"

Gioachino Rossini
(1792-1868)

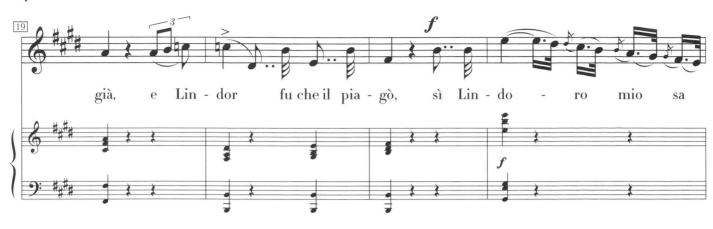

già, e Lin - dor fu che il pia - gò, sì Lin - do — ro mio sa

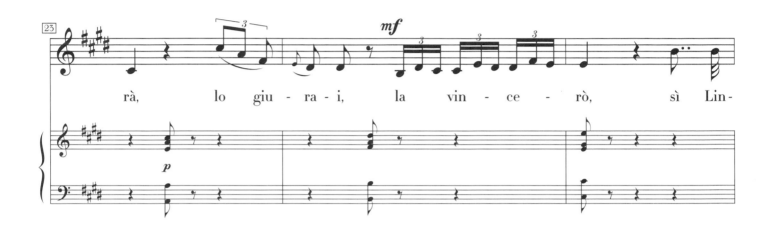

rà, lo giu - ra - i, la vin - ce - rò, sì Lin-

do - ro mio sa - rà, lo giu - ra-i, la vin - ce - rò.

Il tu - tor ri - cu - se - rò, io l'in - ge - gno a guz - ze -

 rò,   al-la fin s'ac-che-te - rà   e con-ten-ta io re-ste-

rò, sì Lin-do - ro mio sa-rà,   lo giu-ra-i,   la vin-ce-

rò, sì Lin-do - ro mio sa - rà, lo giu -

[2 9]

Moderato

ra - i, la vin-ce-rò.

Io so - no do - ci-le,

son ri - spet - to - sa, so - no ob - be -

dien - te, dol - ce, a - mo - ro - sa, mi la - scio

reg - ge-re, mi la-scio reg - ge-re, mi fo gui - dar, mi fo gui -

dar, ma se mi toc - ca-no, dov' è il mio de - bo-le, sa-rò u-na

vi - pe - ra, sa - rò, e cen-to trap - po-le, pri-ma di

ce - de-re, fa-rò gio - car, fa - rò gio - car, e cen-to

trap - po-le, pri-ma di ce - de-re, fa-rò gio - car, fa - rò gio -

car, e cen - to trap - po-le, pri - ma di

ce - de-re, e cen-to trap-po - le fa - rò, fa - rò gio -

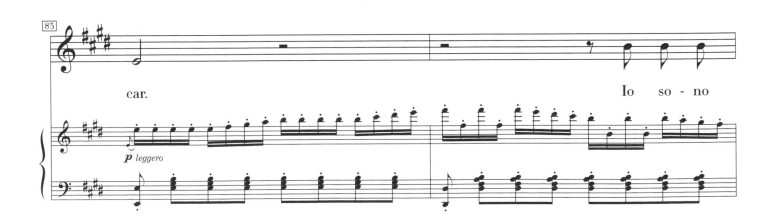

car.   Io so - no

ro, fa - rò gio - - car, e cen-to trap - po-le fa - rò gio -

car, e cen - to trap - po-le fa - rò gio-car, fa - rò gio -

car, fa - rò gio - car, [fa - rò gio - car.]

(*) *Ms. Ninova here observes the concert tradition of omitting the final phrase's lyrics. Note that the final lyrics are traditionally sung in theatrical performances of the opera.*

L'ITALIANA IN ALGERI, Act I

"Cruda sorte!"

Gioachino Rossini
(1792-1868)

(a piacere)

quel ch'io pro - vo in me. Per te so - lo, o mio Lin -

do - ro, io mi tro - vo in tal_____ pe -

ri - glio. Da chi spe - ro, oh Di-o! con - si - glio? oh Di-o! con-

si - glio? chi con - for - to mi da - -

rà?　　　Da chi spe - ro,　oh Di - o! con - si - glio?　chi con-

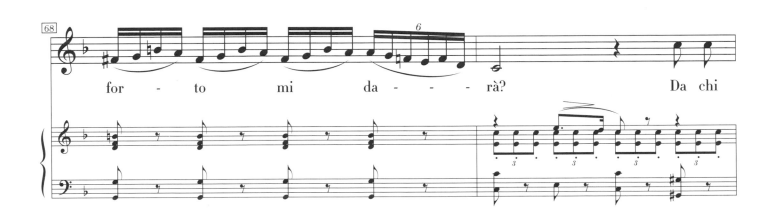

for - to　mi da - - rà?　　　Da chi

spe - ro,　oh Di - o! con - si - glio?　chi＿＿＿＿＿ con-

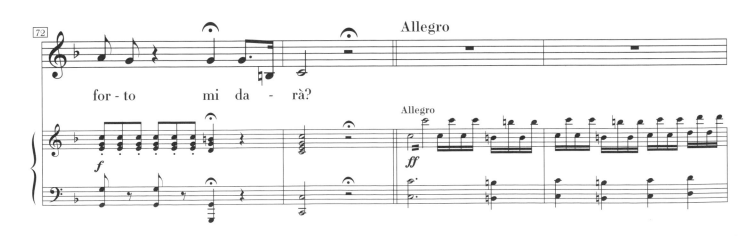

for - to　mi da - rà?

Qua ci vuol di-sin - vol - tu-ra, non più sma-nie, né pa-

u - ra: di co-rag-gio è tem-po a - des-so, or chi so-no si ve-

drà, or chi so-no si ve - drà. Già so per

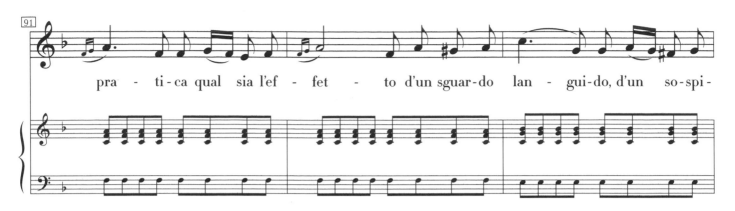

pra - ti-ca qual sia l'ef - fet - to d'un sguar-do lan - gui-do, d'un so-spi-

ret - to... so a do-mar gli uo - mi - ni co - me si fa, sì, sì, sì,

sì, so a do-mar gli uo - mi - ni co - me si fa, sì, so a do-mar

gli uo-mi - ni co - me si fa. Sian dol-ci o

fem - mi - na fe - li - ci - tà, sì, sì, sì, sì, da va - ga

fem - mi - na fe - li-ci - tà, sì, da va - ga fem - mi - na fe - li - ci -

poco più

tà. Tut - ti la bra - ma - no, tut - ti la chie - do - no da va - ga

fem - mi - na fe - li - ci - tà, tut - ti la bra - ma - no, tut - ti la

"Amici, in ogni evento...
Pensa alla Patria...
Sciocco...Qual piacer!"

Gioachino Rossini
(1792-1868)

Per-ché ri - di, Tad - de - o? Può dar-si an -

co - ra ch'io mi ri - da di te. Tu im-pal - li - di - sci, schia - vo gen -

til? ah! se pie-tà ti de-sta il mio pe-ri-glio, il mio te - ne-ro a-mor, se

par - la-no al tuo co - re pa-tria, do-ve-re e o - no-re,

da-gli al-tri ap-pren-di a mo-strar-ti I-ta-lia-no; e al-le vi-

cen-de del-la vo-lu-bil sor - - - te u-na don-na t'in-se-gni ad

Rondò
Andante

es - ser for-te.

Andante

a piacere

Pen - sa al - la pa-tria, e in-

tre - pi - do, e in - tre - pi - do il tuo do - ver a - dem-pi, il tuo do-

ve - re, il tuo do-ve - re a - dem - - - - - pi:

ve - di per tut - ta I - ta - lia ri -

na - sce - re gli e - sem - pi d'ar - dir e di va -

lor, sì, d'ar - - - - - di - re e di va - -

lor, ve - - - di per tut - ta I -

ta - lia gli e - sem - pi d'ar - dir e di va -

Allegro

lor.

pet - to a - mo - re, do - ve - re, a - mor, do - ve - re, o -

nor.   A - mi - ci   in o - gni e - ven - to...

Vi - ci - no   è il mo - men - to...

se   poi va ma - le il gio - co...

Qual pia - cer! Fra po-chi i - stan - ti fra po-chi i-

stan - ti ri - ve - drem le pa - trie a - re - - ne.

Nel pe - ri - glio del mio be - ne, del mio

vibrato

be - ne co - rag - gio - sa a - mor mi fa, nel pe-

ri - glio del mio be - ne co - rag - gio - sa a - mor mi

pp

fa, co - rag - gio - sa, co - rag - gio - sa, co - rag -

gio-sa a - mor mi fa, co - rag - gio - sa, co - rag -

gio - sa, co - rag - gio - sa a-mor mi fa.

Qual pia - cer! Fra po-chi i - stan - ti fra po-chi i-

stan - ti ri - ve - drem le pa - trie a - re - ne.

Nel pe - ri - glio del mio be - ne, del mio

be — ne co-rag-gio - sa a a-mor mi fa, nel pe-

ri - glio del mio be — ne co-rag-gio - sa a-mor mi

fa, co-rag-gio - sa, co-rag - gio - sa, co-rag -

gio-sa a — mor mi fa, co-rag-gio - sa, co-rag -

TANCREDI, Act I

"Di tanti palpiti"

Gioachino Rossini
(1792-1868)

Di tan - ti pal - pi - ti e tan - te pe - ne,

ro. O ca — — ri mo — men — — ti! o

dol — — ci con — ten — — ti! o ca — ri mo —

men — ti! o dol — ci con —

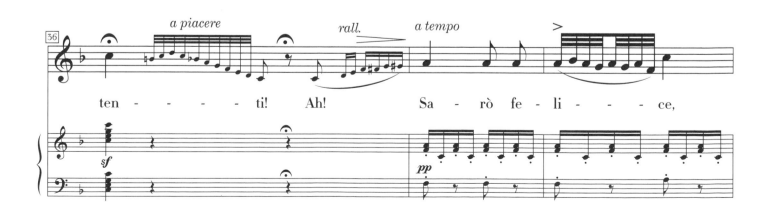

ten — — ti! Ah! Sa — ro fe — li — — ce,

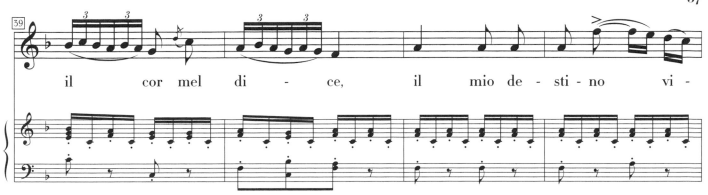

il cor mel di - ce, il mio de - sti - no vi -

ci - no a te. Mi ri - ve - dra - - - i...

ti ri - ve - drò...

ti ri - - ve - drò... ne tuoi bei

Suggestions for using this MMO edition

We have tried to create a product that will provide you an easy way to learn and perform these operatic arias with a full orchestra in the comfort of your own home. Because it involves a fixed orchestral performance, there is an inherent lack of flexibility in tempo and cadenza length. The following MMO features and techniques will reduce these inflexibilities and help you maximize the effectiveness of the MMO practice and performance system:

Regarding tempi: we have observed generally accepted tempi, but some may wish to perform at a different tempo, or to slow down or speed up the accompaniment for practice purposes. You can purchase from MMO (or from other audio and electronics dealers) specialized CD players and recorders which allow variable speed while maintaining proper pitch. This is an indispensable tool for the serious musician and you may wish to look into purchasing this useful piece of equipment for full enjoyment of all your MMO editions.

We want to provide you with the most useful practice and performance accompaniments possible. If you have any suggestions for improving the MMO system, please feel free to contact us. You can reach us by e-mail at *mmogroup@musicminusone.com.*

MUSIC MINUS ONE
50 Executive Boulevard
Elmsford, New York 10523-1325
800.669.7464 U.S. ⬤ 914.592.1188 International

www.musicminusone.com
mmogroup@musicminusone.com

Printed in Canada